허수아비, 활을 쏘다

허수아비, 활을 쏘다

발행 2014년 10월 30일

지은이 전현숙
펴낸곳 도서출판 문화의힘
펴낸이 이순옥

대전 동구 대전로 867번길 52
한밭오피스텔 406호/ 등록 제117호
전화 042-633-6537
전송 0505-489-6537

ISBN 978-89-90647-
ⓒ 전현숙 2014
인지는 생략합니다.
파본은 바꾸어드립니다.

|값 10,000원|

국립중앙도서관 출판예정도서목록(CIP) 허수아비 활을 쏘다 : 전현숙 시집 / 지은이: 전현숙. — 대전 : 문화의힘, 2014 p. ; cm ISBN 978-89-90647-80-1 03810 : ₩10000 한국 현대시[韓國現代詩] 811.7-KDC5 895.715-DDC21   CIP2014030099

허수아비, 활을 쏘다

전 현 숙 시집

도서출판 문화의 힘

허수아비, 활을 쏘다

■ 시인의 말

보름달

소원을 빌란다
내 소원은
단 하나
순한 돼지로 살다
죽어서도 웃는 것

오랜만에 내 언어들의 집을 짓는다.
무기력한 열병 속에서도 놓지 못한
시어들이 슬픔과 분노와 고독을 융화
시켜 제 몫의 자리를 잡는다.
참 살맛나는 세상이다.
이제 조용한 설렘으로 고마운 분들
께 감사의 마음을 전한다.

2014년 가을에
전 현 숙

■ 시인의 말

1부_ 삶

대못이 박혔던 자리 ················· 13
혼자 웃는다 ····················· 14
단절에서 희망을 찾다 ··············· 16
이 겨울이 나를 지나간다 ············· 17
다시 바다를 찾아 ·················· 18
저 꽃들 때문에 ··················· 20
흙은 알고 있다 ··················· 22
노숙자 쉼터에는 ·················· 23
허수아비, 활을 쏘다 ··············· 24
나이를 먹는다는 것 ················ 26
망초 덮인 들에서 부르는 노래 ········· 27
단풍드는 가을 ···················· 28
닫힌 입에는 그리움이 있다 ··········· 29
폭염경보 ························ 30
황사 뉴스 ······················· 32
아버지의 기일에 ·················· 34
우리동네 노인들 ·················· 36
코페르니쿠스의 편지 ··············· 37

2부_ 꽃

오후 세 시 ············ 41
찔레꽃·1 ············ 42
찔레꽃·2 ············ 43
찔레꽃·3 ············ 44
풀 ············ 45
꽃 ············ 46
님 ············ 47
엄마의 먼 길 ············ 48
솜방망이꽃 ············ 49
여정 ············ 50
봄꽃 흐드러지던 날 ············ 52
산수유꽃 ············ 53
언중유희·2 ············ 54
야생화 ············ 56
개화 ············ 58
그녀 ············ 59
가는 친구에게 ············ 60
그대 ············ 61

3부_ 그리움

달밤 · 65
달빛 다비 · 66
쑥부쟁이 애가 · · · · · · · · · · · · · · · · · · · 68
백치 된 사랑 · 70
달 · 71
아버지의 발톱 · · · · · · · · · · · · · · · · · · · 72
요양보호소 · 73
역 · 74
역·4 · 75
우체국 앞 플라타너스 · · · · · · · · · · · · · 76
바람 부는 밤 · 78
국화 · 79
편지 · 80
바람 부는 안면도·3 · · · · · · · · · · · · · · · 81
달빛이 흐르는 새벽 · · · · · · · · · · · · · · · 82
백일홍 · 83
아픈 기억에서 얻은 언어 · · · · · · · · · · · 84
꽃이 진 자리에 · · · · · · · · · · · · · · · · · · 85
연꽃 피던 날 · 86

4부_ 다시… 삶

꽃 진 자리에 움 돋으니 …………………… 91
서리꽃 ………………………… 92
너로 하여 내가 …………………… 93
4월의 비밀 …………………… 94
가을이 쓰는 詩 …………………… 96
초여름 …………………………… 98
한파 다비 …………………… 100
흔적 지우기·2 …………………… 102
미로 찾기 …………………… 103
거기에 그들이 있었다 …………………… 104
자벌레 …………………… 105
갈대와 민들레 …………………… 106
산에서 산다는 것은 …………………… 107
심심한 행복·1 …………………… 108
심심한 행복·2 …………………… 109
심심한 행복·3 …………………… 110
심심한 행복·5 …………………… 111

■ 해설 | 안현심(시인, 문학평론가)
  삶, 꽃, 그리움의 시학 …………………… 115

허수아비, 활을 쏘다

허수아비, 활을 쏘다

대못이 박혔던 자리

내 죄의 못이 이리도 깊어
단단히 박혀서도 견디지 못하고
조금씩 허물어지는 거다

허물어지며 헐거워지며
그대와의 간격을 넓혀
시간의 무늬를 내는 거다

속살 내어주며 옹골지게 잡아도
주름 골골이 바람 일렁이듯
생의 무게에 벌어진
그 자리에 우리가 있는 거다

혼자 웃는다

사십이 넘어
흙으로 집을 짓고
자연과 땅따먹기 하다
문득
바람에 맞서는 나뭇잎을 보고
혼자 웃는다

욕심에 물든 마음 숨기기에
좁다고 여겼는데
내 몸 눕힐 공간 너무 넓어
부끄럽고 민망함에
혼자 웃는다

벽과 벽 사이
들꽃은 한 치의 자리로
우주를 밝히고
바람은 머묾 없이도 생을 엮는데

나는 감당 못 할 시간에 갇혀
혼자 웃는다

단절에서 희망을 찾다

마을로 향하는 길이 눈에 덮였다
처음부터 처음이었던
작은 개울의 흐름이 멎고
우체부의 방문도 끊겼다
전화벨이 묻는 안부
우리는 단절을 통해서만 편안해지나 보다
마을은 마을일 뿐 그리운 사람 없는데
열리지 않는 길 끝에 누군가
있을 것 같다
눈이 녹는 날 그 누군가가
올 것 같다
처음인 마지막으로

이 겨울이 나를 지나간다

익숙한 것들이 낯설어지고
그립고 보고픈 것들이
시간의 비늘에 덮이고
웃음과 눈물이 조화를 이루어
꿈 꿀 것이 없게 되면
시간에 매달려 온
삶의 편린들이 퍼즐을 한다
환한 미소와 보랏빛 계곡을 건넌
싸늘한 체온을 더듬으며
오지 않을 것 같던 연민과 두려움으로
쓸쓸함의 더께를 입히고
같이 웃던 사람들과
기억의 변방에서 맴돌던 흔적들이
나를 순환시키는 피톨이었음을
알게 되는 순간
얇고 투명해진 의식을 가르고
겨울이 나를 지나간다

다시 바다를 찾아

황량한 도시 한복판에서
물무늬 진 사막을 본다
어지러이 놓인 발자국
거대한 우주를 안고 자폭하듯
빛을 흡수하는 태양을 본다

생명들의 자궁
노출된 어둠에도 길들여지지 않는 어머니
내 어머니
나, 물에서 태어났음으로
도시 사막에서 바다를 찾는다

내 손에 찍힌 핏빛 물방울
사막에 뿌려 흐르게 하리라

살냄새 지닌
살아있는 것들은
폭발음 거대한 울림으로

어머니의 자궁을 뚫고
빛을 향해 나선 첫 행로로
바다를 찾으리라
사막은 본래 바다였다

저 꽃들 때문에

시간이 방향을 잃었다
잃음은 또 다른 출발이다
저절로 가는 길가에
얼음 풀린 물줄기
맨 몸 부대끼며 바다로 가는 동안
눈물 점 찍어 남겨 둔
낮은 자리 가득 채운 꽃들을 본다

흙이 숨 쉬고 있다
살아있는 것들의 움직임
움직임으로 꽃이 피었다
분주하기만 한 일상
홀로 외로웠을 만남에
도지는 방랑기
비켜간 시간의 흔적으로
꽃들이 길을 연다

방랑은 혼자가 아니다

가슴까지 얼게 하던 고독과
무기력한 열병으로 앓던 우울증
침묵으로 같이하던
동면과 회생
반복의 끈을 놓지 않는
저 꽃들 때문에
또 다시 길에 선다

흙은 알고 있다

땅에 누워보면 안다
왜 흙에서 나와 흙으로 가는지

작은 몸짓 하얗게 피워 울대를 세우고
굽혀온 세월에 푸르게 덮이는 노래

아픔 없이 피 흘리는 낙화로
땅을 적시는 눈물이 별이 되는 밤
하늘은 온통 주홍빛이다

흙은 알고 있다
왜 외로울 때 땅을 굽어보는지
또 눕고 싶은지

노숙자 쉼터에는

뭔가 할 수 있을 줄 알았다
잡초처럼 돋아나는 음울한 미소에
습관을 깔아뭉개고 앉은
타락 예수들 사이에서

고통 없는 삶을 조롱하는
자존이 방생되어
20세기의 허물 뒤에 숨은
십자가의 성자는
어둠을 내려놓은 뒷골목에 방뇨하며
희망을 말하고 있다

사랑과 자비가 선택한
거룩한 이름 노숙자
외면당한 자유인
그 곁에 한 여인이 울고 있다
성모마리아, 아들을 낳은 여인

허수아비, 활을 쏘다

하고 많은 것 중에
하필, 사랑
어디 겨눌 것이 없어서
모질고 독한
그것을 맞췄더냐

참고 바라보다 대신
아파하고 죽어도 좋다
생각하는 사이 이미
다른 모습으로
시선을 두는 것인데

그 숱한 과녁 중에 어찌
눈 귀 막고 가슴을 열어
키운 게 그것이랴
버릴래야 버릴 수 없고
지닐래야 지닐 수 없는

홀로 가는 허수아비가
나부끼는 만장의 깃대에
죽어서도 살고
살아서도 죽는 것을
매었구나, 사랑

나이를 먹는다는 것

새벽 산이 강줄기를 끌어당겨
풀섶에 풀어 놓는다

풀은 풀끼리 몸을 부비고
살 맞댄 풀들은 바람을 낳는다

바람이 바람이기엔 풀이 있다
풀이 풀이기엔 바람이 있다

강 아래 산이 있고 산 아래 강이 흐른다
흐르는 강에 묶여 나이 먹는 산

나이는 흐르는 것이 아니라
제자리를 찾아가는 것이다

산과 같이 침묵하고 강과 같이 유연한
풀의 자리에 바람으로 돌아가는 것이다

망초 덮인 들에서 부르는 노래

죽음이 신을 위한 연찬이라면 그를 있게 한 신은
어느 산 어느 골짜기에 생명의 홀씨 남겼을까

신들이 죽었다. 신화가 깨어지고 동심에 금이 갔으며
미래를 향한 희망의 빛이 소멸되어 연기로 사라질 때
보이지 않는 눈물을 닦고 있는 그녀, 망초꽃

마른 샘물 퍼 올리며 부르는 하얀 노래의 울림에
마른버짐이 꽃술 되어 날리는 들판,
이 땅의 여인들이 신의 죽음을 슬퍼하며 몸 사루는
유월,
더 이상 아름다워질 수 없는 그날의 떨림이
그 고랑 벌판에서 망연忘戀의 설움으로 날린다

단풍드는 가을

"단풍구경 한 지가 십 년도 넘었어"
가을마다 단풍타령을 한다
뉴스에는 단풍이 내려오는 날짜별로
시선을 유혹하는데
텔레비전 앞에서 시간을 보내는
노인들의 단풍은
24인치 TV속에 갇혀 있다

길을 나서려면 없는 것뿐이다
삭아가는 몸뚱이, 관절 앓는 다리
마음을 따라주지 않는 몸
때 지난 추억은 삶의 족쇄가 되어
마른 삭정이로 퍼석이고 있다

'이거 단풍구경이나 하고 죽을 수 있을는지'
나무 아래에서 나무가 되어 물들어가는
노인들의 쓸쓸함이 가을이 된다

닫힌 입에는 그리움이 있다

진한 커피를 내려놓고 맛보다 먼저 향을 맡는다

종일 흙을 깔고 변씨 할머니는 잡초와 함께 산다 뽑아도 뽑아도 줄지 않는 억센 힘줄을 잡으며 객처에서 자리잡은 자식을 생각한다 '그려 사람도 이렇게 사는 거여 어디 정해 놓은 자리가 있간 뿌리 내리면 사는 거지 명절이고 제사 때 못 오면 어뗘 지 식솔 거느리고 저만 잘 살믄 되지' 모처럼 자동차 소리에 들뜬 마을은 변씨 할머니의 가슴에 내려앉고 뽑힌 잡초의 자리만큼 비어가는 마음은 깊어지는데 귀향길 교통체증이 심하다는 소식만 윙윙거린다 "아직 못 오고 있는 거여 길이 막힌다잖여 지는 오고 싶지 안컸는감 그려도 어민디" 대문 밖 텃밭에서 온종일 풀을 뽑는 그녀의 닫힌 입에서는 향내가 난다

폭염경보

막막한 가슴에 푸른 깃 세우고
검게 닫힌 입에 재갈을 물리고
붉게 날름거리는 혀가
세상을 향해 불길을 내품어도
그냥 서 있다

새가 날고 개구리 울던 날도
무엇을 향해 목청 돋워 본 적 없이
온몸의 진액 짜내며 침묵하던 때
어디에선 제 몸 태워 불 밝힌다 하고
어디에선 제 힘줄 엮어 저항한다는
폭염경보가 발령되었다

지금 나는 달궈지고 있는가

가만히 있어도 배어 나오는
삶의 욕구와 분노와 울분을
비릿하게 짠 끈적임으로 기만하며

뜨겁게 달아오른 몸뚱이는
열대야를 견디고 있다

황사 뉴스

간밤에
복사꽃 피었다 졌다
태평양 건너
여린 아들의 핏빛 울음 들리고
무지의 광야에서
두려움으로 추위를 견뎌냈을
봄꽃 흐드러지게 폈다

빌딩 난간에서 곡예하는 조간신문
오늘보다 어제를 향한 관심들
시간의 노예는 우울증을 앓으며
까마득한 절벽 아래로
맨 몸 투신했다는 소문만 무성하다

긴 날에 짧은 생을 기록하는 구술자는
자신의 이름을 남기지 않고
흔적만으로 기억되는 사건을 말한다
야생에서 벗어난 너구리 한 마리

차도에서 즉사한 사체로 뒹굴고 있다
그 위로 우리는 통행중이다

아버지의 기일에

아버지의 묘지로 가는 길
제멋대로 자란 굴참나무 가지를 꺾으며
뻐꾸기 울음을 잠재운다
살아 있는 사람의 일은
죽음으로 가는 길을 치우는 것이다

아버지를 위하여
박하사탕을 준비하고
멀리 보이는 신작로 끝에서
기도하듯 올려다보는 하늘
아버지를 닮은 구름에 눈물을 섞는다

그리움이 녹아 잊혀진다 했던가
텅 빈 하늘에 이승의 고삐 박아
갉아지는 기억을 매어 놓고
살아서 끊지 못한 마음을
굴참나무 가지에 묻혀 내동댕이쳐도

말없이 서 있는 아버지의 여인
어머니의 세월은 장승 되어 풍화한다

우리동네 노인들

시간의 끈에사 풀릴 즈음의 사람은
자연과 하나이다

우리동네 노인들은
풀이 되어 풀을 뽑고
흙이 되어 곡식을 키우고
나무가 되어 그늘을 만든다

가끔은 구르지 않는 바위가 되어
떠나지 못한 땅에서 하늘의 꿈을 꾼다

자연이 된 몸이 시간을 만들고
관절에서 울리는 소리와 통증으로
삶을 기록한다

농부일기보다도 일기예보보다도
정확한 몸짓이
시간의 촉수가 된다

코페르니쿠스의 편지

 그건 말이야 내가 간 줄 알았는데 아니었어 가는 길이 멀어 산을 부르고 강을 부르고 무너진 초가집과 헐렁하게 삭아가는 까치집을 거쳐 녹슨 철길을 지나가면서 간다 했는데 간 게 아니었어 모든 게 그런 식이었지. 내가 산을 낳고 강을 낳았다는 생각에 갇혀 눈물방울로 얼음을 녹여 바다로 보내라는 말에 질려 살금살금 깨금발 짓던 그런 새가 나뭇가지에서 제 몸 털고 있길래 새의 무게는 얼마나 나갈까, 날개보다 무거울 발의 무게는 몇 그램이나 될까 생각했어. 말해 봐 하늘을 향한 날개와 땅을 향한 발의 무게. 그 둘을 합한 새의 무게 그게 말이야 내 생각인 줄 알았는데 아니었어. 거꾸로 서도 바로가 된다는 말의 바꿈에 난 언제나 붙박이가 되었지 꽃이 피고 싶어 피나 하늘이 실눈 뜨고 붉은 빛을 토해 내는 동안 난 하얗고 검은 하루를 살아내는 거야 그것뿐이야 그게 바로 이름뿐인 내가 사는 방법이었어. 지구는 여전히 돌고 있거든

허수아비, 활을 쏘다

2

꽃

허수아비, 활을 쏘다

오후 세 시

여기서도
너를
부르지 못하고
발길을 돌린다
오후 세 시에
쥐똥나무 꽃향기에
멀미가 난다

찔레꽃 · 1

살면서 한번쯤
누군가의 가슴 아픈 사람이 되어
푸른 설렘 하얗게 피우는
가시 돋친 꽃이어도 좋겠네

환한 미소로도
수줍은 눈맞춤으로도
온전한 그대 담을 수 없어
향기 폭탄 터트리는

죽기 전 한번 쯤
누군가의 쓰린 가슴에 안겨
철지난 미련에 수혈을 하며
붉게 영그는 꽃이어도 좋겠네

찔레꽃 · 2

슬픔이 바래지면
꽃이 되나 보다
밤마다
무더기 무더기
토해내는 울음
슬픔도 영글면
향기가 되나 보다

찔레꽃 · 3

네가 뻐꾸기의 울음으로 울지 않더라도
5월은 피 흘리지 않고 아파했으리라

폐경기의 쓸쓸한 미소를 화인으로 찍으며
땀 흘리는 진득한 설움을 어찌 숨겨두리

울음 운다 울음 운다
두고 온 풋사랑의 유랑에
누구하고도 나눌 수 없던 꿈의 고통
설운 잠 베어 물린 눈 뜬 밤을
하얗게 펼치는 불안한 몸짓
취한 채 흐드러지는 난장의 춤사위

네가 뻐꾸기의 울음으로 울지 않더라도
바람은 너를 두고
홀로 불지는 않으리라

풀

조르지 않고도
하늘을 가졌구나

고르지 않고도
흙을 품었구나

밟으면 밟혀주고
꺾으면 쓸려주는
침묵의 숨결이구나

꽃

잠시 앉은 쉼자리
흔적 하나

부딪힘에도
호젓한 적막

누구도 모르는
씨앗 떨구는 자리

사랑일 이유이다

님

새는
앉았던 자리에
흔적을 남기지 않는다

꽃은
핀 자리 가리지 않고
향기를 펼친다

감추지 못한 말 가슴에 쌓고
갈망으로 앓는 통증

삶은
지병이 된 가슴앓이를 견디는
애잔한 노역이다

엄마의 먼 길

거짓말처럼
정말 거짓말처럼
살아가는 것이
외줄 타는 광대의
서툰 몸짓이라면
나를 위한 관객은
오직 한 사람

어눌한 말투와
굼뜬 몸놀림
다듬지 못한 마음의
깨금발 사랑

사는 것이
그대 향해 가는
긴 여정이라면
오직 한 생명
그대뿐이어야 하리라

솜방망이꽃

길섶에 핀 작은 꽃 솜방망이
가만가만 숨 쉬다
햇살 키재기로
머리에 봄을 이는 땅꼬마

언 땅을 녹여낸 실핏줄 기운으로
하얗게 퍼지는 앉은뱅이 꽃
조근조근한 몸짓으로 바람 어우르다
조막손 펼치며 하품하는 꽃

여정
– 남도여행

그대와
남도 행 기차를 타고 싶다
제멋대로 난 황톳길을 지나
짠 내 나는 갯가에 서서
설워서 못했던 얘기를
깊은 저음으로 풀어놓고 싶다

스치는 풍경에 내가 있고
스치는 사람 속에서 비로소 나를 보았다고
그대에게 밤새워 들려준 이야기들이
삶의 고백이었음을
기대고 싶고 안기고 싶은
옹진 응석이었음을

그대를 만나
기차표 두 장을 보이며
말없는 눈짓을 해야겠다
기다리는 사람도 떠나는 사람도

지쳐가는 늦은 오후
잰 걸음으로 달려오는 남도 행을 타자고

봄꽃 흐드러지던 날

마음이 몸을 놓고
휘청거릴 때
사정없이 후려치는
빛싸래기
혼절할 슬픔으로
올려다본 하늘
아 아! 환장하겠네
속 뒤집혀 죽어 버리겠네

산수유꽃

그대 보기로 한 후
불면의 밤은 깊어지고
조심스런 시선에
아스라이 빚는 춤
설렘이 채찍 되던
분별 모르는 나의 노래가
허공에 번져 가슴 삭일 때
무시로 흐르는 눈물
노란 산수유꽃 핀다

언중유희 · 2

누군가
단 하루만 사랑해도 된다면
그냥, 그냥 말없음으로
바라만 보겠습니다
눈물이 나오면
흐르게 두어
투명해진 언어를 대신하고
나무라시면
바보가 되는
이승 끝 슬픔이겠습니다

어쩌다 누가
얼굴을 그리라시면
난, 난, 나는
하얀 백지만 내밀겠습니다
손끝의 떨림으로
마음 벅참으로
지워질까 두려워

그냥,
백지로 두겠습니다

야생화

누가
이슬 덮인 산 마다하고
빈 바람소리 듣는가
물빛 도는 계절에
길 떠나는 길손의
한숨으로 엉그는
푸념의 눈물떨기

아름다워 섧구나
모퉁이 돌며 잃어버린 세월이
흘려놓은 이름

누가 문을 두드려
햇살의 향기 뿌리고
모진 비바람 거두는가
숨어가는 세월에
흔들림으로 남는 씻겨진 영혼

눈매 떨군 속삭임에
귀 기울이며 웃는 꽃

개화

슬프다 했니?
실핏줄 터져 눈물 흐르니?
아니, 흐르지 못하고 맴돌다
칠위산 어둠에 갇혀 비명 지르는
그런
그런 것이니?
모든 생명의 피톨이 한곳으로 쏠려
뭉개져 이루는
그것
바로 그것 아니니?

쉽게 피는 꽃은 없더구나

그녀

내 사랑 앗아가
바람에 품은 여인

풀벌레 울음 속
별빛 고해성사

애잔한 마음의
그림 꽃 사람

나보다 먼저 사랑을 품어
가슴 맞대어 핏빛 눈물 섞는
그림자 연인

가는 친구에게

아주 쓸쓸히 떠나자
언제 왔다 가는지 모르게
인연 헐렁이 풀어놓고
슬퍼하지 말고
아무 일도 아닌 것처럼

나이 먹어
서늘한 슬픔에 울 일도
감당 못할 사랑에 젖어 볼 일도 없이
평안한 안식을 꿈꾸는 비애가
헤어짐의 아픔 같을까

같이하지 못하는 사랑은 죽음 같은 것
간구하거나 매달림 없이
아주 서운하지 않게 놓아주자
잡은 손 곱게 놓는 농익은 사랑
같은 마음으로 이별하자

그대

내 생의 어느 곳부터
몇 겁의 윤회를 거쳐
그리운 이름 하나 품었다면
아마 그대이리라

기억도 하지 못할 시간에
어떤 눈빛으로 바라보았건
상처 없이도 아파했을
쓸쓸한 그대

영혼 깊은 곳 화인으로 찍혀
거듭되는 생의 끈이 되어
끊어내지 못한 단 하나
그대이리라

허수아비, 활을 쏘다

3. 그리움

허수아비, 활을 쏘다

달밤

말간 침묵에
그대 거두고
고운 숨결 모두어
소지로 올리니
뜨락 가득 흩어지는
님의 미소

달빛 다비

그렇게 가는 것도 좋겠다
달빛 흐드러진 밤에
바람 타고 가는 불꽃
가슴 가득
옹이진 이름 하나 지우며
숲으로 가는 어둠처럼

단 한 번도
스스로 소리 내지 못하고
누군가의 그리움으로
울림이 되어서 발하는 빛에
혼불 더하고 눈물 얹어
되돌려 보내는 춤 굿

그렇게 꾸는 꿈도 괜찮다
별 촘촘 길을 내는 밤에
이승의 마지막 인사로
내가 알고 그가 아는

플루트 선율에 몸을 섞는
완전한 연소

그 밤 우리는 죽었고 다시
살아났다
빛이 땅에서 올라 우주로 가고
숲에선 뻐꾸기 울었다
새의 눈물에 달이 젖고
정적만 남았다

쑥부쟁이 애가

참 세월 빠르구나
어저께 씨앗 뿌렸는데
들판이 텅 비어 버렸으니

문 밖 출입이 뜸한 어머니는 혼잣말로
계절을 다듬으신다

난蘭 화분에 물을 주며 국화향이 좋다고 하고
방충망을 닫으면서 문풍지 우는 소리 요란하다 한다

가을하늘이 참 높아요
단풍이 보기 좋게 물들었어요
바람 쐬러 가실래요 엄마

어머니는 허공에 시선을 두고 딴 말을 하신다
감기 심하다니 옷 두툼히 입어라
길이 많이 막히니 운전 조심해라

빈 들이 어머니의 마음으로
조용히 덮인다

백치 된 사랑

그래도 우리가 모르는 것
가슴에 풀씨를 숨긴 사람이
숲이 되는 것
숨이 되는 것

달

스스로도 힘겨워
말 없으신 어머니

만삭의 몸을
열 번 넘게 부려놓고
칠흑의 밤에 깨어 있을
늙은 누이

깊은 어둠 속에서
조각 빛 모으며
인고의 시간 보내는
텅 빈 자궁

갈 수 없는 바다
조각보 수를 놓아
꽉 찬 그리움 풀어놓고
빙긋이 웃는
나의 허물

아버지의 발톱

가을이 익는다

제 살갗 터트리며 단물 빨아올리는 나무의 푸른 생을 먹고 가을이 익는다 "감은 가지를 꺾어 따는 것이 제일 잘 따는 것이야" 잘 익은 감을 따며 아버지는 말씀하셨다 말랑말랑 달콤한 홍시를 속이 달키도록 먹은 날은 아버지의 가슴도 빨갛게 보였다 나이 오십에 불러보는 아버지. 감나무 꼭대기에서 단물 고이는 감을 익히고 있다 세상이 힘들다 투정하는 딸의 입에 단물 한 입 넣어 주려고 발 뻗지 못하고 등걸 부르트도록 곰삭여 내는 상처 아버지가 말없이 누워있던 날은 입에서 홍시 냄새가 났다 아버지의 붉은 가슴에서 향기가 났다 타작을 끝낸 흙 묻은 양말 속에서 나온 아버지의 발톱.

단물 모두 뽑아 올린 채 파랗게 말라가고 있다

요양보호소
– 천국의 계단

젖은 낙엽 속에서도
움트는 새싹처럼
생명의 고리를 걸어
길을 내던 어머니

마음 겹겹이 쌓아
질긴 이불 만들고
명 짧은 동지 해도
잡아 두는 모성

모두 보내고도
놓지 못한 짝사랑에
구십의 어머니는
가랑잎으로 부서지고 있다

역

오는 사람 없이도
기다린다
떠나는 사람 없이도
이별을 한다

오고 가는 사람들 사이에서
바람의 힘줄에 끌리듯
그리움 한 줄 끌어낸다

역 · 4
– 풍경

자판기 커피를 들고
모르는 그대를 기다린다

기다린다는 것은
희망이 있다는 거다

커피향 번지는
느긋한 기다림

나는 기다릴 것이고
그대는 오지 않을 것이다

아름다운 만큼
그대를 향한 내 기다림도
끝나지 않을 것이다

우체국 앞 플라타너스

플라타너스가 있는 우체국에서
우표를 산다. 연필로 눌러 쓴
편지를 부치러
새로 나온 우표를 받아 들고
침을 발라 마음과 함께
붙인다 멀리 있어 가까운 사람에게

우체국 여직원이 상냥하게
묻는다. 요즘도 편지를 쓰세요?
아- 네-
마음 한 쪽 보내니 한결
가볍다. 편지를 받는 사람도
가벼워질 거라 믿는다 삶을
연필로 쓴 사연만큼은 지울 수
있을 테니까 말이다

플라타너스가 흔들린다
바람 없이도 제 몸 털어내는 걸

아는 저 나무는 매일
편지를 쓴다
가벼운 날이다

바람 부는 밤

바람의 울음에
새벽잠을 놓는다
섧지 않은 삶이 어디 있을까
어둠을 흔들며
눈 뜬 설움을
못내 풀어내고야 마는
소리
밤 내내 분주하던 생쥐도
몸을 숨기는 냉기 서린 어둠
숨죽인 고요 속에서
바람이 운다

국화

꽃이 피었다
향기 더욱 깊어져
가벼운 눈짓에도
몸을 틀어
서늘한 시선을 잡는
음전한 여자
영혼의 음이 열렸다

빗장 풀고
비밀한 언어로
차가운 인사 준비하는
청춘의 몽정
바스러지는 상처를 딛고
길 떠날 시간
처음 사랑이 농익었다

편지

더는 아껴 부를 노래도 남기지 않고
잘 가라는 인사도 나눈 새 없이
계절은 성큼 와 있다

편지를 쓴다
모퉁이에서 지워지는
젊은 날의 이름에게

이정표 없는 길
아프게 걸어와 뒤돌아본 게
전부였다고

바람 부는 안면도 · 3

누운 건 너뿐이 아니야
절제된 사랑이
너른 바다를 항해할 때마다
출렁이던 눈물샘

반복의 고통에
질펀히 번지던 속쓰림
돌아누워 숨기지 못했지

고삐 매인 마음이 옹이로 박혀
하늘 향해 울부짖는 너
여기 있는 거야
온몸 붉히며 견디는 거야

달빛이 흐르는 새벽

눈이 온 줄 알았다
어둠이 열리기 전
밤 새 얼어 있던 달이
제 몸 풀어 흐르는
인경이 지난 시간

마음이 시려 뒤척이는 밤
곡예하는 기억들 가만히 털면
언 냉기가 가슴을 뚫고
하늘에 닿는다
하얀 달빛이 내린다

백일홍

스스로 벗어
물 빛 바람으로
각질 일으키는 세월의 흔적
윤기 나게 털다보면
가슴 깊이 고인 붉은 그리움
스멀스멀 배어 나와 꽃이 되리니

셈 없는 허물 벗어내고
살갗 터지는 신열 견디며
작은 스침에도 온몸으로 화답하는
그 끓는 침묵 향연
시간을 품은 꽃으로 피리니

속 깊은 울음으로
질긴 인연 씻어내고
신경망 끌어내는 원시의 꿈을
허공에 펼치면
바람에 찍히는 눈물, 꽃이 되리니

아픈 기억에서 얻은 언어

슬픔의 속살 헤집어 흐르는
눈물강이다

사방을 조이는 어둠의 심장에
투명한 언어를 직조하는
천형의 물레질

몇 번을 돌려야
너를 놓을 수 있을까
손금에 맺히는 피
강이 되면
너를 씻어낼 수 있을까

누구의 기억에도 머물지 못한
가슴 뜯으며 삭혀내는 말

꽃이 진 자리에

그 많던 꽃잎을
허공에 죄다 날리고
푸름으로 연명하는 그대는
얼마나 아름다운지

눈부신 꽃살에 마음 담아
바람에 풀어내는 몸짓에
푸르게 화답하는 그대의 미소는
얼마나 세련된 미더움인지

망상도 사라진 꽃 진 자리에
그대 어깨에 기대
같이 늙어갈 시간의 꿈은
얼마나 깊어져 가는지

연꽃 피던 날

떨림의 파장으로
허공을 가르며 내는 길
가슴 속 언어가 우주로 번져
손끝에 잡히는 인사
오셨는가

원시의 숲에서
빛을 발견한 순간
닫혀버린 동공
바람으로 잉태되는 생명으로
오시는가

빛보다 환한 어둠에
관절 삼 천 마디 풀어놓고
실핏줄 터져 강을 이루는
개화開化
마주하는 설렘

마음이 요동이던
밤과 낮 사이
천 개의 소리와
만 가지 떨림으로 하늘이 열렸다
홀로 고요한 칠월 초입에

허수아비, 활을 쏘다

삶

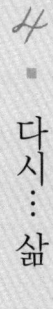

4. 다시… 삶

허수아비, 활을 쏘다

꽃 진 자리에 움 돋으니

슬퍼할 일 없다
시간은 흐르고
꽃은 피고 지는 것
물 흐르는 대로
바람 부는 대로
부대끼고 찢기다 보면
성난 상처 아물어 움을 틔운다
움 속에 잎이 있고
꽃이 있고 세상이 있다
예정된 미래
잘못 펼쳐진 삶에
무시로 흘린 눈물이
강을 이루어 산을 적셔도
생명은 탄생의 자리를 마련한다
꽃 진 자리에 움 돋으니

서리꽃

그 차가움으로
타는 가슴 삭힐 수 없어
눕는다
왔던 길 돌아가면
동면의 하얀 그리움 풀어져 날릴까
모든 것 다 주고
아무것도 내놓지 못할 때
가만히 내려앉는 차가움
살갗 짓무르고 선혈 흐르게 하는
아찔한 화상
그 날선 열정으로
박제된 가슴 태울 수 없다면
같이 죽자
서리꽃

너로 하여 내가

원고지 첫 칸을 지운다
시작이라 이름하였던 것들을 모두 지운다
너로 하여 이렇게 흔들릴 줄은

암갈색 커피를 마실 때마다 잊어야 한다고 한다
슬픔처럼 풀어지는 너의 모습을 커피 향에 날린다
너로 하여 내가 혼미해질 줄은

책의 끝장은 읽지 않는다
마지막이라는 말에 유예의 시간을 남긴다
너로 하여 이렇게 지탱할 줄은

4월의 비밀

왜 꽃들은 4월에 서둘러 필까
수다스럽게, 요란하게, 화사하게
환장하게 앞 다투어 피는 걸까
아직 찬 공기가 덥혀지지 않은 계절
초록 입김으로 혈관을 녹이기엔 이른데
왜 4월에 꽃들은
저렇게 무리지어 발광하는 걸까

묵은 사연 밀어내듯
온몸에 각질 일으켜
한꺼번에 피워내는 꽃
찬 사랑에 혼불 밝히는
외마디 독백
기다림 없이 산화되는
짧은 눈맞춤

왜 4월의 꽃들은 비로 쏟아질까
느리지 않게, 추하지 않게, 단호하게

제 몸 부수어 바람에 싣는 걸까
평생 수군거릴 바람나고 싶은 날
죽어서도 갖고 싶고 갖고서도 숨겨야 할
그 무엇 때문일까

가을이 쓰는 詩

찬 이슬 내리는
어둠 속에서
우린 태곳적 전설로
남모르는 사랑을 앓고 왔나니
설렘을 잠재우고
격랑의 걸음 멈추면
수줍은 이성 속에
얼굴 붉히는 새벽이 오기까지
사랑이여
속살 벌겋게 달구는 이름이여
그대 조용히
싸늘하게 식어갈 마음을 안고
저 광야로 떠나다오
활활 타오르는 광야의 불을 찾아
따스함으로
한 가닥 우리 마음을 안았던
그 다정함으로
한 편 한 편 詩를 지어

내 잠 못 이루는 밤을 위한
조곡이라 해다오
더는 오지 않을 새벽이라도
어둡고 습한 슬픔을 털고
가장 먼저 웃는 연인이리니

초여름

또 이별을 준비하는 사람마냥
괜히 심란하다
마음 줬던 사람들은
이런저런 이유로 떠나가고
시든 사랑의 운명처럼 질기게 엉켜
살아서는 헤어지지 못할 것 같은 인연들만
옹지게 남아 푸른 심장 뛰게 하는 날
숲에서 뻐꾸기 울음소리 들렸던가
꽃뱀 짝을 찾아 몸을 풀었던가

사람들은 잠재적 이별을 생각하고
이별 후에야 그리움을 앓는다는데
오늘 누구와 같은 꿈을 꾸는지
가슴 깊이 물보라가 인다

바다에 가자고 했고 산에 가자고도 했다
밤길 걷자고도 했고 비를 맞자고도 했다
남은 시간에 언제든 할 수 있다고

가벼운 약속만으로 계절은 바뀌었다
찔레꽃 피다가 칡넝쿨에 갇혀 향기 풍겼던가
산목련 얼굴 들다가 화상 입고 울었던가

단 한 번 이별다운 이별 없이
새롭게 밀려오는 봇물 터진 설렘에
창문 닫고 귀를 막는다

한파 다비

한파주의보가 내렸다
토종병아리들이
서로 몸을 부비며
추위를 견디다 깔려 죽었다
아침마다 쓰레기 덤불에서
병아리 다비식을 한다
흔적 지움의 연속
생의 시위에서 이탈된
생명의 그을림이 슬프다
몇 마리나 남아 추위를 견딜지
추위를 견디고 누릴
자유의 폭이 궁금하다
날씨는 풀렸다 하는데
다비의 불씨는 흩어지지 않는다
가까이 몸을 부비다
밟히고 상처 난 아픈 삶들이
화려한 부활을 꿈꾸는
우리의 봄은 여전히 춥다

눅눅한 날이다

흔적 지우기 · 2

 이렇게 해서 한 세월이 접히면 꽃 같은 이들은 그게 삶이라 하겠지 베란다의 난들이 무관심에 마르고 거꾸로 매달린 장미 사랑을 애타게 구걸하는데 열망은 부서져 먼지로 날리고. 날마다 비질을 해대며 걸레를 삶고 헹구는 반복의 일상에 입혀지는 흔적들

 어딘가 어떤 형식의 또 다른 생활이 있을 거라고 성냥개비로 집을 짓듯 하나하나 쌓아가는 몸놀림 앞에 위증된 삶의 깃발은 더 나은 내일을 말해주지 못하고 자꾸만 고꾸라지는 저 아득한 환멸. 부서지는 환상에 대한 아쉬움 때문에 흥건히 젖은 등줄기의 땀을 닦지 못하는 건 아닌지. 쉴 참마저 아끼고 달려온 시간

 어떤 말로도 설명할 수 없는 생의 눈부심과 처절함 앞에 이름을 묻는 질문에 나약한 시선이 초점을 잃어가는 것이 삶이라고 수십 송이 장미에서 날리던 향기의 기억과 환희만이 삶을 지탱해 준 힘이라고 믿기엔 이미 너무 많은 것을 알았지. 하나의 이름으로 불리기 전

미로 찾기

우리 사이에 벽이 생기면
그것을 뚫을 수 있는 것은
오직 침묵뿐이라고
당신은 말하였습니다
우리 이렇게 가다가
영원히 만나지 못할지 모른다고
따스한 눈빛 마주칠
공간 하나 만들자고
목소리 떨리던 날
삶은 충분히 아름다웠습니다
침묵만이 소리가 되어 넘나드는
삭정이 가슴 타던 날들
우리 사이에 벽이 생기면
혼절할 슬픔에 대신할
길을 하나 내자 했습니다

거기에 그들이 있었다
– 티벳에서

자연에 살을 내어주고
뼛속 깊이 영혼을 숨겨
풍장하는 산

가슴에 땅을 품은 오체투지
운명을 이끄는 기억된 몸짓

아무도 그들을 말하지 않았다
누구도 그들에게 묻지 않았다

자벌레

오그렸다 폈다
오그렸다 폈다
시간의 처음과 끝을 잇는다

세월을 가리기엔
길이 보이지 않아
한 치의 움직임에
하루를 맡긴다

어디까지 왔는가
온몸으로 길을 내고도
왔던 길 찾지 못해
갈 길을 알지 못하는
거울 속 나의 모습

갈대와 민들레

안개가 걷히지 않는
논둑길
계절을 잃은 노란 민들레
피었다

속을 비워야 꽃이 되는
키 큰 풀
가을을 위한 춤사위
이른 봄부터 연습했다

발치 아래 조용한
꽃들의 반란
민들레의 당당한 몸짓에
하얗게 쏠리는 갈대

산에서 산다는 것은

산에 살다 보면 안다
가슴이 바다보다 넓다는 것을

기다림 없이도 사람을 모으고
외로움 없이도 고독해진다

같이해야 할 무엇이 없다는 것은
댓잎에 걸린 천 개의 달을 따는 일이다

산에서 산다는 것은
서늘한 달그림자를 가슴에 담는 일이다

비우며 단단해 지는 대나무를 닮아
바다가 되는 일이다

심심한 행복 · 1

시간을 나누지 않는다
졸리면 자고
먹고 싶으면 먹고
놀고 싶으면 논다
심심하면 산으로 간다
그리우면 노래를 한다

사람들이
무엇하며 사느냐고 묻는다
아무것도 하지 않는다고 한다
하는 일이 없다
그래도 하루는 지난다
꽃 머리에 저녁노을이 진다

심심한 행복 · 2

말을 하지 않아도 된다
날짜 지난 조각신문을 보다
툇마루에서 존다

얼굴이 볕에 그을리고
바람이 피부에 스친다
심심한 강아지 발에 기대 있다

전화가 울다 끊긴다
기억되는 이름 모두 불러본다
불통 지역엔 그리움만 남는다

심심한 행복 · 3

채송화 씨방을 열고 꽃씨를 헤아린다
잡히지 않는 세상에 가득찬 고요
수많은 꽃들이 소곤거린다
꽃을 보다 씨앗을 본다
씨앗을 세다 꽃을 센다
하늘이 머리에 받혀
현기증이 난다

심심한 행복 · 5

문을 잠그지 않는다
아궁이에 불 지펴 구들을 데워놓고
문 밖을 서성인다

찻물을 끓이는
누군가 올 것 같은 날

바람에 덜컹이는 문
마음은 추웠다 더웠다
날씨 탓이다

허수아비, 활을 쏘다

해설

삶, 꽃, 그리움의 시학

허수아비, 활을 쏘다

삶, 꽃, 그리움의 시학

안현심(시인, 문학평론가)

1. 들어가면서

엘리어트(T. S. Eliot)는 "시의 정의는 오류의 역사"라고 말했다. 그만큼 시에 대한 정의는 어렵고 광범위해서 누구도 그 실체를 함축적으로 정의하기 어렵다. 그런데도 시에 대한 정의는 계속되어야 하고, 창작도 계속 이루어져야 한다. 선대의 이론가들이 말한 것처럼 시는 그 자체로서 생명력을 지니고, 인간의 삶에 지대한 영향을 미치기 때문이다.

시는 창작자의 표현 기술에 따라 생명력이 좌지우지된다. 이성의 조작을 통해 내면에서 끓고 있는 감정에다 질서를 부여했을 때, 시는 비로소 확실한 존재로 탄생한다. 모든 사람이 시인의 자질을 지니고 있지만, 시인이 될 수 없는 것은 그 표현 기술이 부족하기 때문이다. 하지만 그들도 삶의 과정에서 시인이 느끼고 경험한 것들을 향유했거나, 또 향유할 수 있기 때문에 시인이 형상화한 작품세계에 공감하면서 교훈 혹은 미적 쾌락을 얻게 된다.

전현숙은 서정시인이다. 서정시는 일차적으로 자아만족적인 기능을 지닌다. 그 역시 일차적으로는 자아충족으로서 시를 썼을 것이다. 하지만 나아가 자신의 시에 많은 사람이 공감해주기를 바라지 않을 수 없다. 그러한 소망을 실현하기 위해 어떤 노력을 경주하고 있는지 천착해가기로 한다.

2. 역설의 형상화

시 형상화의 기교적 측면에서 역설은 매우 중요한 위치를 차지한다. 인생 자체가 역설적이며 아이러니하다면, 그러한 삶이 반영되는 시에서 역설적 표현은 아주 자연스럽다. 표면상으로는 역설이 모순되거나 불합리한 것처럼 보이지만, 그 양면적 가치를 대조시키고 초월·극복함으로써 내면적으로 시적 진실을 획득하는 것이 역설이다.

①우리 사이에 벽이 생기면
그것을 뚫을 수 있는 것은
오직 침묵뿐이라고
당신은 말하였습니다
②우리 이렇게 가다가
영원히 만나지 못할지 모른다고
따스한 눈빛 마주칠
공간 하나 만들자고

목소리 떨리던 날
　　삶은 충분히 아름다웠습니다
　③침묵만이 소리가 되어 넘나드는
　　삭정이 가슴 타던 날들
　　우리 사이에 벽이 생기면
　　혼절할 슬픔에 대신할
　　길을 하나 내자 했습니다

─「미로 찾기」 전문

　시 「미로 찾기」는 한 연으로 구성되어 있지만, 필자가 임의대로 ①, ②, ③부분으로 나누었다. ①부분에서 "우리 사이에 벽이 생기면"이라는 상황 설정은 순탄치 않은 인간관계를 나타낸다. '벽'이 상징하는 이미지는 '단절'이다. 양방향으로 소통하며 서로를 인식해야 하지만, 피치 못할 벽이 생긴다면 "그것을 뚫을 수 있는 것은/ 오직 침묵뿐이라고/ 당신"이 말한다. 둘 사이에 벽이 생겼을 때 그것을 허물 수 있는 것은 대화뿐이다. 그런데도 침묵만이 벽을 허물 수 있다고 형상화한 부분에서 역설이 발생한다. 이러한 역설은 논리적으로는 맞지 않지만 시적 진실을 형상화하기에는 최적의 표현이 될 수 있다.

　②부분 역시 마찬가지이다. 오래오래 벽을 두고 침묵하다가 다시는 못 만날지도 모르니 따스한 눈빛 나눌 공간 하나 마련하자고 말하던 날, 삶이 충분히 아름다

웠다고 형상화한 부분이 그것이다. 보편적인 사고를 지닌 사람들이라면 벽을 허물지 못한 채 다른 타협안을 내놓을 수밖에 없는 현실을 어떻게 아름답다고 말하겠는가. 이처럼 과학적·논리적으로 타당하지 않은 말을 즐겨 사용하는 사람이 시인이다.

③부분에서는 ①, ②에서 절제하던 슬픔이 실체를 드러내는 형식을 취하고 있다. 긴 침묵이 오히려 소리가 되어 벽을 넘나드는 나날, 혼절할 만큼 큰 슬픔을 대신해줄 길 하나 내자고 다소 격앙된 목소리로 말한다. 여기서 '따스한 눈빛 나눌 공간'과 '혼절할 슬픔을 대신해줄 길'이 무엇을 의미하는지 정확히 알 수는 없다. 다만 고뇌의 궁극에서 시인이 찾아낸 안타까운 삶의 출구가 아닐까 짐작해볼 뿐이다.

> 누군가
> 단 하루만 사랑해도 된다면
> 그냥, 그냥 말없음으로
> 바라만 보겠습니다
> …중략…
>
> 어쩌다 누가
> 얼굴을 그리라시면
> 난, 난, 나는
> 하얀 백지만 내밀겠습니다
>
> ―「언중유희·2」부분

시 「언중유희」 역시 역설적 형상화로써 구조되어 있다. 그것은 사랑하고 싶은 누군가에게 단 하루의 사랑을 허락받았는데도 "그냥, 그냥 말없음으로/ 바라만 보"겠다는 형상화가 그것이다. 제2연에서는 누군가가 얼굴을 그려도 좋다고 허락했지만, 하얀 백지만 내밀겠다고 반어적으로 표현한다. 얼굴을 그려도 좋다는 것은 사랑해도 좋다는 또 다른 말일 것이다. 누군가를 연모하면서도 아니라고 말하는 역설적 표현은 낯설게 두드러짐으로써 시의 주제를 명료하게 해준다. 시제에서 암시하듯 진실을 거스르는 듯한 이러한 표현들은 마치 언중유희言中遊戲처럼 보인다. 그러나 아닌 척 시치미를 떼고, 거짓말하는 듯한 형상화가 신선한 충격을 담보하면서 진실을 더욱 견고하게 만들어준다.

또 다른 시 「닫힌 입에는 그리움이 있다」에서는 추석이 되었는데도 고향에 돌아오지 못하는 자식의 입장을 넋두리하듯 변명하는 변 씨 할머니가 등장한다. 하루 종일 잡초를 뽑으며 행여 남들이 뭐라고 할까봐 자식의 입장을 대변하는 할머니의 입에서 쓴 내가 나겠지만, "대문 밖 텃밭에서 온종일 풀을 뽑는 그녀의 닫힌 입에서는 향내가 난다"라고 형상화되고 있다. 그러고 보면 할머니의 넋두리는 할머니의 마음을 헤아린 시인의 넋두리인 셈이다.

인용한 작품 외에도 전현숙의 시에는 역설적 말하기

가 많이 도입되고 있다. 역설적 말하기는 시적 화자의 내면을 숨기는 데 최적의 장치가 된다. 곧이곧대로 말했을 때보다 강렬한 뉘앙스로 시인의 절실함을 드러낼 수 있기 때문이다. 매우 슬퍼하면서도 슬프지 않다고 시치미를 뗌으로써 시인은 체면을 유지하고, 독자는 더욱 슬픈 내면을 인지할 수 있는 것이 역설적 기법이다.

3. 사랑, 그 아름다운 에너지

인간의 감정에서 사랑을 빼버리면 피돌기가 멈추어버린 삭정이에 불과하다. 신을 경외하는 마음, 부모의 희생적인 사랑, 이성에 대한 육체적인 사랑이 존재하기 때문에 인간은 자애를 베풀고, 남을 배려하면서 살아갈 수 있다. 인간의 수많은 감정 중에서 사랑은 가장 포괄적이면서 긍정적인 감정이라고 할 수 있다.

사랑은 크게 세 가지로 분류할 수 있다. 그 첫 번째가 아가페적인 사랑이다. 아가페적 사랑은 신이 인간에게 베푸는 사랑처럼 그 깊이나 높이, 넓이, 길이를 측량하거나 감당할 수 없을 정도로 무량하다. 두 번째는 필로아적인 사랑, 즉 철학적인 사랑이다. 끊임없이 뭔가를 추구하고 갈망하지만 결코 채워지지 않는 이성적인 사랑이다. 세 번째는 에로스적인 사랑, 즉 과학적인 사랑이다. 이성간의 육체적 사랑이 이에 해당하는데, 이것은 남녀가 50% 대 50%로 균등하게 평행을 이룰 때 자연스럽게 성립된다.

> 살면서 한번쯤
> 누군가의 가슴 아픈 사람이 되어
> 푸른 설렘 하얗게 피우는
> 가시 돋친 꽃이어도 좋겠네
>
> 환한 미소로도
> 수줍은 눈맞춤으로도
> 온전한 그대 담을 수 없어
> 향기 폭탄 터트리는
>
> 죽기 전 한번쯤
> 누군가의 쓰린 가슴에 안겨
> 철 지난 미련에 수혈을 하며
> 붉게 영그는 꽃이어도 좋겠네.
>
> ―「찔레꽃·1」 전문

「찔레꽃·1」은 에로스적인 사랑을 형상화한 시이다. 에로스적인 사랑은 인간이 추구할 수 있는 가장 현실적인 사랑이다. 내가 준 만큼 받고 싶어 하기 때문에 상대방의 관심의 끈이 늦추어지면 노여워하게 되는 사랑이다.
"살면서 한번쯤/ 누군가의 가슴 아픈 사람이 되어/ 푸른 설렘 하얗게 피우는/ 가시 돋친 꽃이어도 좋겠네"라고 한 형상화에는 에로스적 사랑이 빗나간 안타까움과

혜량할 수 없는 한(恨)이 함의되어 있다. 가시 돋친 꽃은 '한을 품은 여인'을 은유하기 때문이다. 그러나 한편으로는 비극적 사랑을 즐기는 카타르시스가 섬뜩하게 느껴지기도 한다.

두 번째 연에서는 환희로운 사랑의 노래가 구현된다. "환한 미소로도/ 수줍은 눈 맞춤으로도/ 온전한 그대 담을 수 없어/ 향기 폭탄 터트"린다는 형상화가 그것이다. 하지만 이러한 형상화는 현실상황이 아니라 시적 화자가 꿈꾸는 이상세계에 불과하다. 첫 연의 내용으로 미루어 보아 시적 화자는 이루어질 수 없는, 가슴 아픈 사랑을 하고 있기 때문이다.

세 번째 연에서는 이미 지나가버린 사랑이지만, "철 지난 미련에 수혈을 하며/ 붉게 영그는 꽃이어도 좋겠네."라고 노래한다. '붉게 영그는 꽃'은 찔레꽃의 열매를 지칭한다. 찔레꽃이 하얗게 피고 열매를 맺는 과정을 묘사한 듯하지만, 결국은 찔레꽃의 한살이에 시인의 내면을 투영시킨 셈이다. 시가 세계를 자아화하는 문학형식이라고 할 때 찔레꽃은 세계가 될 것이고, 시인은 찔레꽃이라는 객관적 상관물을 통해 내면세계를 드러낸다.

에로스적 사랑은 인간의 삶을 이끌어가는 동력이다. 90세, 100세가 되어도 실현만 하지 못할 뿐, 인간을 존재하게 만드는 자양분으로써 작용한다. 때문에 시인들은 동서고금을 통해 에로스적인 사랑의 노래를 읊어왔다. 내면에서 일렁이는 사랑의 욕구를 시라는 형식을 통해 노래하면서 슬픔과 안타까움을 자가 치유해왔다고 할 수 있다.

> 뭔가 할 수 있을 줄 알았다
> 잡초처럼 돋아나는 음울한 미소에
> 습관을 깔아뭉개고 앉은
> 타락 예수들 사이에서
>
> 고통 없는 삶을 조롱하는
> 자존이 방생되어
> 20세기의 허물 뒤에 숨은
> 십자가의 성자는
> 어둠을 내려놓은 뒷골목에 방뇨하며
> 희망을 말하고 있다
>
> 사랑과 자비가 선택한
> 거룩한 이름 노숙자
> 외면당한 자유인
> 그 곁에 한 여인이 울고 있다
> 성모마리아, 아들을 낳은 여인
>
> ―「노숙자 쉼터에는」 전문

시 「노숙자 쉼터에는」에 등장하는 '타락 예수들', '십자가의 성자', '거룩한 이름 노숙자', '외면당한 자유인'

등의 호칭은 노숙자를 아가페적 사랑의 시선으로 보듬었을 때 붙일 수 있는 이름이다. 이 시는 고통 없는 삶을 조롱하면서 뒷골목에 방뇨하는 행위조차 타락한 예수들만이 할 수 있다는 긍정적 인식을 바탕으로 하고 있다. 종교적 논리에 의하면, 하느님은 잘하는 자, 잘못하는 자 모두를 감싸 안을 뿐 아니라, 인간세상의 규범을 어긴 자들까지도 단죄하지 않는다. 하느님은 "사랑과 자비"로써 인간을 끌어안기 때문이다. 여기서 '사랑과 자비'는 아가페적인 사랑의 다른 이름이다.

이 작품은 21세기의 기술문명이 낳은 부조리를 질타하기도 한다. '습관을 깔아뭉개고 앉은', '20세기 허물 뒤에 숨은', '외면당한 자유인' 등의 형상화가 그것이다. 인간은 다람쥐 쳇바퀴 돌듯 정해놓은 굴레를 돌고 돌지만, 그들은 습관을 과감하게 깔아뭉갠다. 20세기 물질문명의 폐해는 자유의지가 강한 그들을 뒷골목으로 내몬 것이다. 그러나 그들은 내몰려서도 결코 희망을 포기하지 않는다.

십자가에 달린 예수를 안고 눈물을 흘리던 성모마리아는 그들을 위해서도 눈물을 멈추지 않는다. 아가페적인 사랑의 경지에서는 모두가 하느님의 자녀로 환치될 수 있기 때문에 노숙자들에게도 예수와 대등한 위치를 부여한 것이다.

이 시의 세계로 미루어보건대 전현숙은 대승적인 사

고를 지닌 사람이라고 확신할 수 있다. 가족이기주의, 편파적인 사고를 지니지 않은 채 인간 전반의 삶을 이해하려고 애쓰는 자이다. 그러지 않고서는 노숙자들을 이토록 적실하게 꿰뚫어볼 수 없기 때문이다.

4. 삶, 꽃, 그리움의 시학

전현숙은 이번 시집의 주제를 '삶, 꽃, 그리움'으로 분류해놓고 있다. 시가 우리의 삶을 율어로 표현한 문학 양식이라고 할 때 이러한 분류는 타당성을 획득한다. 시는 곧 인간의 '삶'을 형상화한 산물이요, '꽃'은 삶의 과정에서 정서 변화에 영향을 미치는 주요 인자이며, '그리움' 또한 죽는 날까지 인간 내면의 색채를 견인해 가는 감정이기 때문이다.

문학 양식은 인간의 삶을 떠나서 결코 존재하지 못한다. 소설이든, 수필이든, 시이든 자신이 경험한 내용이거나 자신 밖[세계]의 현상 혹은 그 현상에 대한 생각이 표현된 양식이 문학이다. '찔레꽃'의 한 살이를 노래한 듯하지만, 결국 인간 삶의 단면이 채색된 것이 시작품이다.

삶이 누구에게나 관련되는 문제라면, 꽃은 다분히 주관적이다. 전현숙 시인이 꽃에 관심을 두었다는 것은 꽃을 그만큼 좋아하고, 꽃이 삶에서 많은 부분을 차지

한다는 의미이다. 시인은 도시문명을 멀리하고 자연과 가까이 살고 있다. 그러다보니 주변에 지천으로 널린 것이 꽃이다. 사람을 만나기보다 꽃을 관찰하고 교감하는 날들이 많았을 터이다. 이러한 까닭이 그의 작품에 꽃이 중요한 항목으로 들어갈 수밖에 없는 이유이다.

시인이 내세운 또 다른 항목이 그리움인데, 그리움을 사전적으로 해석하면 '보고 싶어 애타는 마음'이라고 정의되어 있다. 시인은 무엇이 보고 싶었을까. 우리는 그 대상을 자칫 '사람'이라고 잘못 단정할 수 있지만 그렇지 않다. 지적인 욕구에 대한 갈망, 이상세계에 이르고 싶은 소망이 무엇인가를 기다리는 감정으로 나타났다고 볼 수 있다. 그리워한다는 것은 결핍을 보완해줄 수 있는 대상을 갈망한다는 의미이다. 따라서 그리움은 유한한 인간에게 숙명 같은 존재일 수밖에 없다.

원시시대에는 인간도 사물과 같이 즉자卽自적인 존재였다. 그러던 것이 물질문명이 발달하면서 외부 세계에 자신을 비춰 판단하는 대자對自적인 존재가 되었다. 대자적인 존재는 불안과 결핍에 시달리면서 즉자적인 존재로의 회귀를 꿈꾼다. 인간의 그러한 태도가 자연으로의 회귀를 갈망하는 모습이다. 자연은 늘 그 자리에서 즉자적으로 존재하기 때문이다. 꾸밈도 없고, 모자람도 없이 만족한 상태의 자연. 시인이 보고 싶어 하는 대상 역시 그러한 세계이다. 자연과 가까이 살고 있지만, 완

전혀 합일될 수 없는 결핍의 감정이 그리움의 원천으로 작용했다고 할 수 있다.

5. 나가면서

  네트워크 망을 벗어던지고 자연 속으로 찾아든 시인 전현숙, 오랜만의 조우라서 몹시 반가웠는데, 난데없이 시집 해설을 맡아달란다. 몇 년 만에 목소리 들려주면서 겨우 한다는 소리가 이것인가, 반가운 만큼 실망감도 컸다. "에이, 이 사람아, 그런 부탁은 다른 사람한테나 하고, 꽃 얘기, 새 얘기, 나무 얘기나 들려주지 그러나." 그랬음에도 불구하고 그의 시를 읽어갈 수밖에 없었다.

  자연과 한 몸이 되어 자연스럽게 사는 이도 시 쓰기는 버릴 수 없나보다. 시를 정독하면서 다시 한 번 숙고해본다. 모두 내려놓은 자가 최후의 보루로 끼고 있는 것, '시란 무엇이며, 시인들은 왜 시를 쓰는가?' 무병巫病에 걸려서 내림굿을 하고 무당으로 살 수밖에 없는 사람처럼 시로써 내면을 분출하지 않고는 살아갈 수 없는 사람, 그가 바로 시인이다.

  어차피 자연스러워지고자 결단을 내렸으니 시 또한 최대한 자연스러워졌으면 하는 바람이다. 그가 아니면 쓸 수 없는 시, 그의 목소리를 통해 나왔을 때만이 빛을 발하는 시를 기대해본다. 물질문명이 발달할수록 인간의 정서는 피폐해지고 극심한 결핍으로 불안감만 증폭된다. 이러한 시대를 극복하기 위해 시를 쓰지만, 자아충족 단계를 넘어 동시대 사람들이 깊이 공감한다면 더 바랄 것이 없겠다. 전현숙의 시가 그러한 역할을 충분히 해낼 수 있으리라 믿는다.